EDICT DV

ROY SVR L'ELECTION

D'VN IVGE ET QVATRE
Consuls des Marchans en la ville de Paris, lesquels cognoi-
strõt de tous proces & differens qui serõt cy apres
meus entre lesdicts
Marchans pour
faict de mar-
chandise.

***

Selon la Copie Imprimee à Paris,
AVEC PRIVILEGE.

EDICT DV ROY SVR

L'ELECTION D'VN IVGE ET QVA-tre Consuls des Marchans en la ville de Paris, lesquels cognoistront de tous proces & differens qui seront ci apres meus entre lesdicts Marchans pour faict de marchandise.

HARLES par la grace de Dieu Roy de France, A tous presens & aduenir, Salut. Sçauoir faisons, Que sur la requeste & remonstrance à nous faictes en nostre Conseil de la part des Marchans de nostre bonne ville de Paris, & pour le bien public & abbreuiation de tous proces & differens entre Marchans, qui doiuent negotier ensemble de bonne foy, sans estre astraincts aux subtilitez des loix & Ordonnances : Auons par l'aduis de nostre treshonoree Dame & mere, des Princes de nostre sang, Seigneurs & gens de nostredict Conseil, statué, & ordonné & permis ce qui s'ensuit.

PREMIEREMENT, Auós permis & enioinct aux Preuost des Marchans & Escheuins de nostredicte ville de Paris, nommer & eslire en l'assemblee

deſ Cent notables bourgeois de ladicte
ville, qui feront pour ceſt effect appelez
& conuoquez trois iours apres la publi-
cation des preſentes, Cinq marchans du
nombre deſdicts Cent, ou autres abſens,
pourueu qu'ils ſoyent natifs & originaires de noſtre Royaume, marchans & de-
mourás en noſtredicte ville de Paris: Le
premier deſquels nous auons nommé Iu
ge des marchans, & les quatre autres,
Conſuls deſdicts marchans, qui feront
le ſerment deuát ledict Preuoſt des marchans. La charge deſquels Cinq ne du-
rera qu'vn an, ſans que pour quelque cau
ſe ou occaſion que ce ſoit, l'vn d'eux puiſ
ſe eſtre continué.

Ordonnons & permettons auſdicts
Cinq Iuge & Conſuls, aſſembler & appe
ler trois iours auant la fin de leur annee
iuſques au nóbre de ſoixante marchans
bourgeois de ladicte ville, qui en eſlirôt
trente d'entr'eux, leſquels ſans partir du
lieu,

lieu, & sans discontinuer, procederont a-
uec lesdicts Iuge & Consuls en l'instant,
& le iour mesmes, à peine de nullité, à l'-
election des Cinq nouueaux Iuge & Co
suls des marchans, qui feront le serment
deuant les anciens : & sera la forme des-
susdicte gardee & obseruee d'oresnauãt
en l'election desdicts Iuge & Consuls:
Nonobstãt oppositions ou appellations
quelconques, dont nous reseruons à nostre personne & nostre Conseil la co-
gnoissance, icelle interdisant à nos Cour
de Parlement & Preuost de Paris.

Cognoistront lesdicts Iuge & Cõsuls
des marchãs de tous proces & differens
qui seront cy apres meuz entre marchãs
pour faict de marchandise seulement,
leurs vefues marchãdes publiques, leurs
facteurs, seruiteurs & commettans, tous
marchãs : soit que lesdicts differens pro-
cedét d'obligations, cedulles, recepissez,
lettres de chãge ou credit, responses, as-

seurances , tranſports de debtes & noua-
tion d'icelles, comptes, calcul, ou erreur
en iceux, cõpagnies, focietez ou aſſocia-
tions ia faictes, ou qui ſe feront cy apres.
Deſquelles matieres & differens, nous a-
uons de nos pleine puiſſance & auctorité royal attribué & commis la cõgnoiſ-
ſance, iugemẽt & deciſion auſdicts Iuge
& Conſuls, & aux trois d'eux, priuatiue-
ment à tous nos Iuges: appelé auec eux, ſi
la matiere y eſt ſubiecte , & en ſont requis par les parties, tel nombre de per-
ſonnes de Cõſeil qu'ils aduiſeront: exce-
ptez toutesfois & reſeruez les proces de
la qualité ſuſdicte, ia intẽtez, & pendans
par deuant nos Iuges : Auſquels neant-
moins enioignons les renuoyer par deuant leſdicts Iuge & Conſuls des marchans, ſi les parties le requierent & con-
ſentent.

Et auons deſapreſent declaré nuls tous
tranſports de cedulles , obligations &
debtes

debtes qui feront faicts par lefdicts mar
chans à perfonne priuilegiee , ou autre
quelcõque non fubiect à la iurifdiction
defdicts Iuge & Confuls.

Et pour couper chemin à toute lon-
gueur , & ofter l'occafion de fuir & plai-
der, voulons & ordonnons que tous ad-
iournemens foyent libellez , & qu'ils
contiennent demande certaine . Et feront tenues les parties comparoir en perfonne à la premiere affignatiõ pour eftre
ouis par leur bouche, s'ils n'ont legitime
excufe de maladie ou abfẽce: Efquels cas
enuoyeront par efcript leur refponfe fi-
gnee de leur main propre : ou audict cas
de maladie, de l'vn de leurs parens , voi-
fins ou amis , ayans de ce charge & pro-
curation fpeciale, dont il fera apparoir
à ladicte affignation : le tout fans aucun
miniftere d'aduocat ou procureur.

Si les parties font contraires, & non

d'accord de leurs faicts, delay competãt
leur sera prefix à la premiere compari-
tion, dans lequel ils produiront leurs
tesmoins, qui seront ouis sommairemét:
& sur leur deposition, le differend sera
iugé sur le champ, si faire se peut: dont
nous chargeons l'honneur & conscien-
ce desdicts Iuges & Consuls.

Ne pourront lesdicts Iuges & Consuls
en quelque cause que ce soit, octroyer
qu'vn seul delay, qui sera par eux arbi-
tré selon la distance des lieux & qualité
de la matiere, soit pour produire pieces
ou tesmoins : & iceluy escheu & passé
procederont au iugement du differend
entre les parties sommairemnt & sans fi-
gure de proces,

Enioignons ausdicts Iuge & Consuls
vaquer diligemment en leur charge du-
rant le temps d'icelle, sans prendre dire-
ctement ou indirectement en quelque
maniere

maniere q̃ ce soit aucune chose, ni pre-
sent ou don, sous couleur ou nom d'es-
pices, ou autrement, à peine de crime de
concussion.

Voulons, & nous plaist, que des man-
demens, sentences ou iugemens qui seront donnez par lesdicts Iuge & Cõsuls
des marchans, ou les trois d'eux, comme
dessus, sur differens meus entre marchans, & pour faict de marchãdise, l'appel ne soit receu : pourueu que la demã-
de & condemnation n'excede la somme
de cinq cens liures tournois, pour vne
fois payer. Et auons desapresent declaré
non receuables les appelations, qui seroyent interiectees desdicts iugemens,
lesquels seront executez en nos Royaume, pays & terres de nostre obeissance
par le premier de nos Iuges des lieux,
huissiers ou sergens sur ce requis : Ausquels & chacun d'eux enioignons de ce
faire, à peine de priuation de leurs offi-

B. i.

ces, sans qu'il soit besoin demander aucun placet, visa, ne pareatis.

Auons aussi desapresent declaré nuls
tous reliefs d'appel, ou commissions qui
seroyent obtenues au contraire, pour
faire appeler les parties, intimer ou ad-
iourner lesdicts Iuge & Consuls : Et de-
fendons tresexpressement à toutes nos
Cours souueraines & Chancelleries de
les bailler.

Es cas qui excederont ladicte somme
de cinq cés liures tournois, sera passé outre à l'entiere execution des sentéces desdicts Iuge & Consuls, nonobstant oppositions ou appellations quelconques, &
sans preiudice d'icelles: que nous enten-
dons estre releuees & resortir en nostre
Cour de Parlemét à Paris, & nó ailleurs.

Les condánez à garnir par prouision
ou diffinitiuement, seront cótraincts par
corps

corps à payer les sommes liquidees par
lesdictes sentences & iugemens,qui n'ex
cederont cinq cens liures tournois, sans
qu'ils soyent receus en nos Chãcelleries
à demander lettres de respit. Et neant-
moins pourra le crediteur faire executer
son debiteur condãné en ses biens meubles,& saisir les immeubles.

Contre lesdicts condamnez marchans
ne serõt adiugez dommages & interests
requis pour le retardement du payemẽt,
que à raison du denier douze,à compter
du iour du premier adiournement, suy-
uant nos Ordonnances faictes à Orleans.

Les saisies,establissement de commis-
saires,& vente de biens ou fruicts,seront
faicts en vertu desdictes sentences & iu-
gemens.Et s'il faut passer outre,les criees
& interpositions de decret se feront par
auctorité de nos Iuges ordinaires des
lieux : ausquels tresexpresseement enioi-

B. ii.

gnôs, & à chacun d'eux en son destroict,
tenir la main à la perfectiõ desdictes criees, adiudication des heritages saisis, & à
l'entiere execution des sentēces & iugemens qui seront dõnez par lesdicts Iuge
& Cõsuls des marchans, sans y vser d'aucune remise ou lõgueur : à peine de tous
despens, dõmages & interests des parties.

Les executions encommencees contre les condamnez par lesdicts Iuge &
Consuls, seront paracheuees cõtre leurs
heritiers, & sur les biens seulement.

Mandons & commandons aux Geol-
liers & gardes de nos prisons ordinaires,
& de tous hauts Iusticiers, receuoir les
prisonniers qui leur serõt baillez en gar-
de par nos huissiers ou sergens, en execu-
tant les commissions ou iugemens desdicts Iuge & Cõsuls des marchans, dont
ils seront responsables par corps, & tout
ainsi que si le prisonnier auoit esté ame-
né

né par auctorité de l'vn de nos Iuges.

Pour faciliter la commodité de conuenir & negotier ensemble, Auons permis & permettons aux marchans bourgeois de nostre ville de Paris, natifs & originaires de nos royaume, pays & terres de nostre obeissance, d'imposer & leuer sur eux telle somme de deniers qu'ils aduiserõt necessaire, pour l'achapt ou louage d'vne maison ou lieu qui sera appelé La place commune des marchans: laquelle nous auons desapresent establie à l'instar & tout ainsi que les places appelees Le change en nostre ville de Lyon, & bourses de nos villes de Thoulouse, & Rouen, auec tels & semblables priuileges, franchises & libertez, dont ioyssent les marchans frequentans les foires de Lyon & places de Thoulouse & Rouen.

Et pour arbitrer & accorder ladicte somme, laquelle sera employee à l'effect

que deſſus, & non ailleurs, les Preuoſt des
marchás & Eſcheuins de noſtredicte ville de Paris aſſembleront en l'hoſtel de ladicte ville iuſques au nóbre de cinquan-
te marchás & notables bourgeois, qui en
deputeront dix d'entr'eux, auec pouuoir
de faire les cottiſation & departemét de
la ſomme qui aura eſté, comme dict eſt,
accordee en l'aſſemblee deſdicts cinquã
te marchans.

Voulons & ordonnons que ceux qui
ſerót refuſans de payer leur taxe ou cot-
te part, dans trois iours apres la ſignifica-
tion ou demande d'icelle, y ſoyent con-
traincts par véte de leur marchádiſes, &
autres biés meubles: Et ce par le premier
noſtre huiſſier ou ſergent ſur ce requis.

Defendós à tous nos huiſſiers ou ſer-
gens faire aucun exploict de iuſtice, ou
adiournement en matiere ciuile, aux heu
res du iour que les marchans ſeront aſ-
ſemblez

ſemblez en ladicte place commune, qui
ſeront de neuf à vnze heures du matin, &
de quatre iuſques à ſix heures de releuee.

Permettons auſdicts Iuge & Conſuls
de choiſir & nõmer pour leur Scribe &
Greffier telle perſonne d'experiéce, mar-
chant ou autre, qu'ils aduiſeront, lequel
fera toutes expeditions en bon papier,
ſans vſer de parchemin: & luy defendõs
treſeſtroictemét prendre pour ſes ſallai-
res & vaccations, autre choſe qu'vn ſold
tournois pour fueillet, à peine de punitió
corporelle, & d'en reſpõdre par leſdicts
Iuge & Conſuls en leurs propres noms,
en cas de diſsimulation & conniuence.

SI DONNONS en mandement à nos
amez & feaux les gens tenãs nos Cours de Parlemét,
Preuoſt de Paris, Seneſchal de Lyõ, Baillif de Roué,
& à tous nos autres Officiers qu'il appartiédra, Que
nos preſentes Ordonnances ils facent lire, publier &
enregiſtrer, garder & obſeruer chacun en ſon reſſort
& iuriſdiction, ſans y cõtreuenir, ni permettre qu'il y
ſoit aucunemét cõtreuenu en quelque maniere que ce
ſoit. Et à fin de perpetuelle & ſtable memoire, nous

auons faict appoſer noſtre ſeel à ces preſentes.

Donné à Paris au mois de Nouembre, l'an de grace mil cinq cens ſoixante trois, Et de noſtre regne le
troiſieme.

Ainſi ſigne,

Par le Roy en ſon Conſeil,

DE L'AVBESPINE.

Et ſeellé du grand ſeel de cire verd.

LECTA, publicata & regiſtrata, audito & hoc
requirente Procuratore generali Regis, de mandato
expreſſo eiuſdem Domini noſtri Regis : Cui tamen
placuit, vt hi qui in Iudices mercatorum aſſumentur,
iuſiurandum preſtent quod preſtari ſolet ab his, à
quorum ſententiis ad Curiam appelatur : Idque per
modum prouiſionis duntaxat, & ſecundum ea que
in regiſtro Curie perſcripta ſunt. Pariſiis in Parla-
mento decima octaua die Iſiuarii, Anno Domini mil-
leſimo quingenteſimo ſexageſimo tertio.

Sic ſignatum.   DV TILLET.

9 782329 227399